Rieke Patwardhan • Katja Gehrmann

Platz ist in der kleinsten Hütte

TULIPAN VERLAG

Ich sage:
»Platz ist in der kleinsten Hütte.«
Und das stimmt auch.

Manche Tiere sind nämlich ...

Andere wohnen …

… in luftiger Höhe.

Es gibt Tiere ...

Und es gibt Tiere …

Mit ruhigen Tieren machen wir ...

Und wilde Tiere ...

Im Sommer braucht kein Mensch …

… eine Badewanne.

Und im Winter ist …

… viel Platz auf dem Balkon.

Lebendige Tiere ...

Und Eltern haben ...

Na ja: Wer kein Haustier haben darf, muss sich anders behelfen.

Platz ist nämlich in der kleinsten Hütte.

Rieke Patwardhan, aufgewachsen in Schleswig-Holstein, verbrachte ihre Kindheit damit, auf Bäume zu klettern und dort alle Bücher zu lesen, die sie ihren großen Schwestern entwenden konnte. Nach einer Buchhändlerlehre, dem Studium stetig wechselnder Geisteswissenschaften und einem Abschluss als Diplompsychologin lebt sie jetzt mit ihrer Familie in Hamburg und schreibt Geschichten, die nun andere Kinder auf Bäumen lesen können.

Katja Gehrmann, 1968 geboren, studierte in Mexiko, Spanien und an der Fachhochschule Hamburg Illustration. Sie arbeitet für verschiedene Verlage und hat für ihre Illustrationen bereits zahlreiche Preise gewonnen, so den Goldenen Apfel der Biennale in Bratislava und das Troisdorfer Bilderbuchstipendium. 2004 und 2014 war sie für den Deutschen Jugendliteraturpreis nominiert.

Besucht uns auf Facebook und Instagram!

TULIPAN-Newsletter
Tolle Lesetipps kostenlos per E-Mail!
www.tulipan-verlag.de

© Tulipan Verlag GmbH, München 2018
Alle Rechte vorbehalten
1. Auflage 2018
Text: Rieke Patwardhan
Vermittelt durch die Agentur Susanne Koppe, Hamburg, www.auserlesen-ausgezeichnet.de
Bilder: Katja Gehrmann
Gestaltung: Anette Beckmann
Druckvorstufe: bildpunkt GmbH, Berlin
Druck: Grafisches Centrum Cuno GmbH & Co. KG, Calbe
ISBN 978-3-86429-362-7